Rosário

Rosário

Gustavo E. Jamut

# Rosário

Por uma transformação
espiritual e psicológica

1ª edição – 2013
4ª reimpressão – 2019

Citações bíblicas: *Bíblia Sagrada*, tradução da CNBB, 7. ed. 2008.

Editora responsável: *Andréia Schweitzer*
Equipe editorial

Título original: Rosario para pedir una transformación espiritual y psicologica
© San Pablo, Argentina

Tradução Leonilda Menossi

---

*Nenhuma parte desta obra poderá ser reproduzida ou transmitida por qualquer forma e/ou quaisquer meios (eletrônico ou mecânico, incluindo fotocópia e gravação) ou arquivada em qualquer sistema ou banco de dados sem permissão escrita da Editora. Direitos reservados.*

**Paulinas**
Rua Dona Inácia Uchoa, 62
04110-020 – São Paulo – SP (Brasil)
Tel.: (11) 2125-3500
http://www.paulinas.com.br – editora@paulinas.com.br
Telemarketing e SAC: 0800-7010081
© Pia Sociedade Filhas de São Paulo – São Paulo, 2013

# Introdução

Certa vez, durante o ano de 1990, convidaram-me para participar de um retiro espiritual em San Bernardo, cidade da região metropolitana de Santiago do Chile, onde eu morava. O tema era "Transformação espiritual e psicológica", orientado por um sacerdote jesuíta e uma leiga consagrada.

Para mim foi uma alegria constatar que Jesus tem o poder de agir na história de todas as pessoas, por meio da oração. Ele toma os fardos que antes não lhe havíamos entregado e, em troca, nos dá uma sensação nova de liberdade e felicidade interior, abrindo, assim, as portas de nossa vida a um mundo de novas possibilidades.

A partir daí, pude testemunhar em milhares de pessoas que o amor de Deus quer e pode transformar a vida de seus filhos de forma positiva.

Deus pode transformar-nos de diversas maneiras. Mas, quando lemos as Sagradas Escrituras, constatamos que o meio privilegiado – que ele mesmo nos indicou – é o caminho da oração. Assim nos diz Mateus 7,7-8: "Pedi e vos será dado! Procurai e encontrareis! Batei e a porta vos será aberta! Pois todo aquele que pede recebe, quem procura encontra, e a quem bate, a porta será aberta".

É por isso que o Santo Rosário, rezado de coração e com o desejo de que ilumine nossa história pessoal, nos abre para a transformação que Deus quer realizar em nossa vida.

## Questões iniciais

Antes de iniciar a reza e meditação deste rosário, sugiro que você procure um lugar confortável e tranquilo, onde possa sentir a presença de Deus e Maria. Aconselho também que você peça a orientação do Espírito Santo, o que lhe será de grande ajuda.

Proponho ainda que reserve algum tempo para refletir sobre as questões a seguir:

- Neste momento de sua vida, como se sente interiormente? Está em paz consigo mesmo? Ou se sente inquieto e inseguro por causa de algum problema que não ficou bem resolvido?
- Como é sua relação com as pessoas com quem convive?
- Que lugar Jesus Cristo ocupa em sua vida? O que está fazendo para entregar a ele o controle de sua história, de sua mente, de suas emoções e relações pessoais?

Estas perguntas vão ajudar você a aumentar a consciência da necessidade de recorrer a um processo de transformação espiritual e psicológica. Assim, perceberá que o Santo Rosário é um excelente meio, oferecido por Deus, para melhorar as condições de sua vida espiritual, emocional, psicológica, pessoal e social.

# Rosário por uma transformação espiritual e psicológica

Em nome do Pai, do Filho e do Espírito Santo. Amém.

*Peçamos perdão dos nossos pecados e a graça de uma conversão mais profunda.*
Por todas as vezes que resistimos ao crescimento espiritual:
– *Senhor, tende piedade de nós.*
Por todas as vezes que tivemos medo de amadurecer:
– *Cristo, tende piedade de nós.*
Por todas as vezes que não tivemos confiança em Deus e o impedimos de agir em nós:
– *Senhor, tende piedade de nós.*
Deus Todo-poderoso tenha misericórdia de nós, perdoe os nossos pecados e nos conceda a graça de uma contínua conversão e a vida eterna. Amém.

# 1º MISTÉRIO

**Neste primeiro mistério, entregamos a Jesus e Maria nossos primeiros anos de vida, desde o nascimento até os cinco anos de idade.**

## Reflexão

Peçamos ao Senhor Deus que nos acolha e proteja todo o tempo, especialmente durante os primeiros momentos de oração, restaurando-nos com seu amor paterno.

## Oração

Pedimo-vos, Senhor, que transmitais a esses primeiros cinco anos de nossa vida toda a confiança e autonomia que talvez não tenhamos desenvolvido na ocasião. Que se torne tranquila qualquer recordação dolorosa que tenha permanecido em nossa memória inconsciente. Acrescentai também a força espiritual, emocional e biológica que possa ter-nos faltado na nossa primeira infância.

– Pai nosso...

1. Virgem Maria, acolhei a nossa criança interior, tão carente.

– Ave, Maria...

2. Virgem Maria, libertai-nos dos medos que ainda sentimos.

– Ave, Maria...

3. Ó querido Deus Pai, concedei o apoio paterno de que a nossa criança interior necessita.

– Ave, Maria...

4. Espírito Santo, dai o sentido de identidade de que a nossa criança interior necessita.

– Ave, Maria...

5. Virgem Maria, ajudai-nos a absorver todo o amor que Deus tem por nós e do qual nossa criança interior necessita.

– *Ave, Maria...*

6. Senhor Jesus, restaurai a capacidade de nos relacionarmos com nossos familiares e supri a falta de amor e comunicação.

– *Ave, Maria...*

7. Senhor Jesus, curai toda doença que possa ter surgido por falta de equilíbrio emocional.

– *Ave, Maria...*

8. Senhor Jesus, por meio de vossa graça, dai-nos a atenção que talvez nossos pais não tenham dado por falta de tempo ou inexperiência.

– *Ave, Maria...*

9. Senhor Jesus, trazei à nossa memória os momentos de amor e alegria dessa etapa da nossa vida que talvez tenhamos esquecido.

– *Ave, Maria...*

10. Senhor Jesus, eliminai qualquer recordação ruim ou doença que nos tenha deixado sequelas.

– Ave, Maria...
– Glória ao Pai, ao Filho e ao Espírito Santo...

## Jaculatória

Senhor, que a criança que trazemos dentro de nós vos louve e vos glorifique hoje e sempre.

# 2º MISTÉRIO

**Neste segundo mistério,
entregamos a Jesus e Maria
o período da nossa infância,
que vai dos cinco até os
doze anos de idade.**

## Reflexão

Peçamos a Deus que esteja sempre conosco e revisite tudo o que vivemos e aprendemos, abençoando com sua presença divina e restaurando com seu amor também essa etapa de nossa vida.

## Oração

Pedimo-vos, Senhor, que caminheis conosco ao longo desses sete anos de vida escolar, aliviando todo sentimento de inferioridade ou trauma que possam ter surgido nessa época. Eliminai toda recordação dolorosa produzida por brincadeiras de mau gosto ou humilhações que talvez tenham bloqueado nossa criatividade, segurança e a vida plena que desejais para cada um de nós.

1. Senhor Jesus, restaurai e fortalecei nossa disposição e ajudai-nos a desenvolver cada vez mais nossa autonomia.

– *Ave, Maria...*

2. Senhor Jesus, dai-nos a segurança e a assertividade que não desenvolvemos, conforme nossas necessidades.

– *Ave, Maria...*

3. Senhor Jesus, tocai com vossas mãos benditas as lembranças infelizes de nossa infância que nos causam vergonha e que, até hoje, bloqueiam parte de nossa vida.

– *Ave, Maria...*

4. Senhor Jesus, concedei-nos a graça de uma liberdade centrada em vós, para que não sejamos pessoas dependentes nem influenciáveis.

– *Ave, Maria...*

5. Sagrada Família, pacificai nossa memória, especialmente se não houve amor ou harmonia suficientes entre nossos pais e familiares. Inspirai-nos um modelo familiar revigorado.

– *Ave, Maria...*

6. Senhor Jesus, se nossos pais não souberam impor-nos limites ou não foram suficientemente firmes e amorosos, eliminai as más consequências que isso possa ter produzido em nossa vida.

– *Ave, Maria...*

7. Se durante essa etapa de nossa vida fomos corrigidos com severidade e violência, ajudai-nos, Senhor, a perdoar nossos pais e responsáveis pelas suas atitudes, de forma a não as reproduzirmos no presente.

– *Ave, Maria...*

8. Senhor Jesus, se tivermos sido, de alguma forma, maltratados ou violentados nessa etapa de nossa vida, ajudai-nos a superar esse trauma de modo que possamos viver livres das suas consequências.

– *Ave, Maria...*

9. Senhor Jesus, caso tenhamos prejudicado ou enganado alguém nessa etapa da nossa vida, pedimos perdão e suplicamos que nos livreis da culpa ou de qualquer outro efeito negativo.

– *Ave, Maria...*

10. Menino Jesus, abençoai as memórias de nossa infância e livrai-nos de todo medo que possa ter surgido durante essa época. Concedei-nos a graça de nos sentirmos sempre amados e aceitos por vós, e infundi em nós as atitudes necessárias para viver de maneira equilibrada.

– *Ave, Maria...*

– *Glória ao Pai, ao Filho e ao Espírito Santo...*

## Jaculatória

Senhor, que a criança que trazemos dentro de nós vos louve e vos glorifique hoje e sempre.

# 3º MISTÉRIO

**Neste terceiro mistério, entregamos a Jesus e Maria a nossa adolescência, aproximadamente dos doze aos dezenove anos.**

## Reflexão

Peçamos ao Senhor que nos acompanhe na recordação de tudo o que nos aconteceu durante esse período e, assim como ressuscitou a filha de Jairo, dê nova vida às áreas de nossa personalidade que, por situações adversas, foram marcadas por sombras, tristezas, aflições.

## Oração

Ó Senhor, nós vos pedimos, abençoai-nos, libertando-nos de qualquer distúrbio e eliminai de nossa personalidade todas as sequelas de experiências ruins conservadas desde a adolescência. Ajudai-nos a reviver o que de belo e sadio vivenciamos durante essa fase, glorificando-vos e louvando-vos por isso.

1. Sagrada Família, abençoai as nossas recordações da adolescência. E se, durante esse período, houver faltado uma boa comunicação com nossos pais, preenchei o vazio que possa ainda existir.

– Ave, Maria...

2. Senhor Jesus, desenvolvei em nós maturidade, a fim de podermos superar as falhas emocionais que, por diversas circunstâncias, ainda carregarmos.

– Ave, Maria...

3. Senhor Jesus, curai-nos os complexos e traumas originados com as brincadeiras de adolescência, seja por causa de nosso aspecto físico, seja por alguma falha em nossa personalidade. Dai-nos a graça de nos aceitarmos como somos.

*– Ave, Maria...*

4. Senhor Jesus, nós vos entregamos as comparações que nossos pais, mesmo sem maldade, faziam entre nós e nossos irmãos e, também, a raiva e os ciúmes que ainda perduram.

*– Ave, Maria...*

5. Senhor Jesus, nós vos entregamos a rebeldia da adolescência, que ainda subjaz em nós, contra nossos pais, familiares, ou mesmo contra qualquer instituição ou autoridade.

*– Ave, Maria...*

6. Senhor Jesus, nós vos entregamos as crises de fé dessa época, a negligência espiritual e qualquer pecado que tenha deixado consequências em nosso espírito ou em nossa psique, pelo qual, neste momento, vos pedimos perdão.

*– Ave, Maria...*

7. Senhor Jesus, nós vos entregamos todas as situações em que sentimos ver-

gonha, timidez, medo ou sensação de indignidade.

– *Ave, Maria...*

8. Senhor Jesus, nós vos entregamos nossa identidade sexual e afetiva e pedimo-vos que nos libertais de toda dificuldade ou trauma que tenha se instalado em nossa vida durante esse período.

– *Ave, Maria...*

9. Senhor Jesus, entregamos a vós toda raiva que tenhamos guardado desde a adolescência, para que possais eliminá-la e nunca mais prejudique a nós ou a quem quer que seja.

– *Ave, Maria...*

10. Senhor Jesus, nós vos agradecemos por todas as lembranças dos momentos felizes que vivemos durante a adolescência. Que possamos irradiar todo o poder das graças que elas contêm, para que despertem em nós a gratidão e o louvor.

– *Ave, Maria...*

– *Glória ao Pai, ao Filho e ao Espírito Santo...*

## Jaculatória

Senhor Jesus, que nosso coração recupere o vigor da juventude e da alegria, para dar-vos glória e louvor em nossa vida.

# 4º MISTÉRIO

**Neste quarto mistério,
entregamos a Jesus e Maria
a nossa juventude
e o começo da vida adulta,
aproximadamente dos dezenove
aos trinta e cinco anos.**

## Reflexão

Peçamos ao Senhor que nos ampare ao refletirmos sobre tudo o que vivemos desde a juventude até a idade adulta. Que ele nos envie o Espírito Santo sobre todas as decisões tomadas durante esses anos, tenham sido elas corretas ou não, e que nos liberte das suas possíveis consequências negativas.

## Oração

Pedimo-vos, Senhor, que abençoeis esse período da nossa vida, no qual alguns de nós cursaram uma faculdade, outros ingressaram no mercado de trabalho ou deram início a algum projeto pessoal. Para alguns, ainda, foi o período em que assumiram a vocação matrimonial, religiosa ou sacerdotal. Abençoai todas as pessoas que conhecemos ao longo desses anos e curai toda lembrança negativa que possamos ter dessa época.

*Pai nosso...*

1. Senhor Jesus, abençoai aqueles que tiveram medo de amadurecer. Tocai o coração daqueles que resistiram ou não desenvolveram a capacidade de aprender com os próprios erros ou com os erros alheios.

– *Ave, Maria...*

2. Virgem Maria, ajudai-nos a eliminar as consequências negativas de termos

deixado a casa de nossos pais. Intercedei por nós, a fim de que sejamos libertados de toda sensação de perda, culpa ou abandono.

– *Ave, Maria...*

3. Senhor, tomai em suas mãos nossa solidão e insegurança diante da indecisão sobre o caminho a seguir em determinados momentos. Libertai-nos dos medos e bloqueios, especialmente do medo da mudança.

– *Ave, Maria...*

4. Virgem Maria, entregamos em vossas mãos toda reação infantil e vos pedimos a graça de crescer de forma harmoniosa, conforme a nossa idade.

– *Ave, Maria...*

5. Colocamos em vossas mãos, Senhor, todo fracasso na vida afetiva, a traição de amigos ou injustiça semelhante que tenhamos sofrido. Entregamo-vos também as frustrações e angústias de não termos

conseguido realizar nossos sonhos para que delas sejamos libertados.

– *Ave, Maria...*

6. Colocai, Senhor, no coração de vossos filhos e filhas, a capacidade de desenvolver uma comunicação sadia consigo mesmos, com os amigos, com o cônjuge e com Deus.

– *Ave, Maria...*

7. Senhor Jesus, curai as consequências de qualquer fracasso sofrido nos estudos ou na escolha de nossa profissão. Libertai-nos de bloqueios e da ideia de que não conseguimos fazer nada de bom. Mostrai-nos a direção que devemos seguir.

– *Ave, Maria...*

8. Amado Jesus, libertai-nos das consequências dos pecados cometidos na juventude e no início da vida adulta. Ajudai-nos a reparar, segundo nossas possibilidades, o dano que eventualmente tenhamos causado a outras pessoas.

– *Ave, Maria...*

9. Libertai-nos, Senhor, da raiva e da culpa ocasionadas por atitudes tomadas de forma insensata, por medo ou forçadas por outras pessoas. Dai-nos a graça de renovar, de maneira pessoal, madura e consciente, as futuras decisões de nossa vida.

– *Ave, Maria...*

10. Virgem Maria, ajudai-nos a reparar as discórdias com nossos familiares e amigos. Eliminai todo trauma que porventura carregamos; ajudai-nos a ver, através de Jesus, tudo o que temos vivido até aqui, sem sofrimento, sem amargura ou ressentimento, mas com harmonia e paz.

– *Ave, Maria...*

– *Glória ao Pai, ao Filho e ao Espírito Santo...*

## Jaculatória

Jesus, que o novo adulto que vive agora em nós vos louve e glorifique, hoje e sempre.

# 5º MISTÉRIO

**Neste quinto mistério,
entregamos a Jesus e Maria
a nossa vida adulta
e a atual ou futura velhice,
período que vai
dos trinta e cinco anos em diante.**

## Reflexão

Peçamos ao Senhor que reveja conosco tudo o que vivemos desde a passagem para a vida adulta até agora. Essa pode ter sido, para muitos de nós, uma etapa de criatividade e implantação de projetos, e, para outros, de bloqueio intelectual e estagnação.

Pode ter sido, para muitos de nós que já atingiram uma idade mais madura, a oportunidade de transmitir suas experiências e bom humor às gerações mais jovens. Ou, ao contrário, para os que ficaram presos ao passado, uma época de amargura e desesperança.

Não importa a idade em que estejamos atualmente, o Espírito Santo sempre pode realizar maravilhas, transformando nosso coração, e assim, livres do peso das culpas, da ideia de sermos vítimas e de qualquer sentimento negativo, podemos reencontrar nossa liberdade interior, paz e esperança.

## Oração

Pedimo-vos, Senhor, aceitai e abençoai esse período da nossa vida, dando-nos, com vossa graça, uma nova sensação de plenitude.

– *Pai nosso...*

1. Senhor, retirai de nós as "máscaras" que colocamos ao longo dos anos, seja para agradar os outros, seja por medo

de sermos ridicularizados. Concedei-nos contemplar em vós a nossa verdadeira identidade.

– *Ave, Maria...*

2. Nós vos entregamos, Senhor, toda falta de flexibilidade, tolerância, paciência e misericórdia com nós mesmos e com os próximos.

– *Ave, Maria...*

3. Nós vos pedimos, Senhor, ajudai-nos para que nosso espírito comande e guie as áreas emocional e intelectual de nossa personalidade. Pedimo-vos que o nosso "eu" seja centrado em vós.

– *Ave, Maria...*

4. Virgem Maria, nós vos entregamos o coração daqueles que sofrem pela partida dos filhos. Concedei, àqueles que ainda não o fizeram, a graça de poder cortar os laços sem romper os vínculos. Livrai-os de todo comportamento de dependência.

– *Ave, Maria...*

5. Senhor Jesus, nós vos entregamos todas as quedas e perdas que temos sofrido; curai-nos e concedei-nos uma serena aceitação da nossa história, para que não vivamos lamentando o passado.

– *Ave, Maria...*

6. Nós vos oferecemos, Senhor, o desejo de viver com integridade. E pedimos que nos livrai do medo da velhice, da enfermidade e da morte.

– *Ave, Maria...*

7. Virgem Maria, livrai-nos da angústia de ver partir desta vida nossos entes queridos. Fortalecei em nossos corações a virtude da fé e da esperança.

– *Ave, Maria...*

8. Ó Jesus bem-amado, concedei-nos a graça de ver e assumir aquilo que, com vossa ajuda, devemos transformar.

– *Ave, Maria...*

9. Senhor Jesus, abençoai nosso processo de humanização, a fim de alcançarmos a plenitude.

– *Ave, Maria...*

10. Abençoai, Senhor, nosso processo de cristianização, pelo qual nos vamos aproximando da perfeição humana que vivestes.

– *Ave, Maria...*

– *Glória ao Pai, ao Filho e ao Espírito Santo...*

## Jaculatória

Jesus, que o adulto ou o idoso que somos ou no qual nos transformaremos vos louve e glorifique hoje e sempre.

– *Salve, Rainha, Mãe de misericórdia...*

Pelas intenções do Santo Padre:

– *Pai nosso...*

– *Ave, Maria...*

– *Glória ao Pai, ao Filho e ao Espírito Santo...*

# Orações

## Jesus, caminheiro de vossa história

Jesus Cristo, Salvador desejado e esperado da história, da nossa história... Vinde caminhar ao longo de cada etapa de nossa história... Acompanhai-nos ao longo de cada etapa de nossa vida, amparando, libertando e transformando-nos.

Vós que caminhastes por caminhos, atalhos e estradas, visitando povoados e cidades, revisite hoje as nossas recordações e abençoai-nos com vosso amor.

Vós que curastes os leprosos, curai as chagas de nossa alma, produzidas pelos pecados que, por soberba, debilidade ou ignorância, nos geraram enfermidades físicas ou psíquicas. Pregai em vossa cruz todas as nossas faltas e ungi nossas feridas com vosso sangue bendito.

Vós que abristes os ouvidos aos surdos, libertai-nos da surdez que não nos deixa ouvir a vossa voz, discernir vossa vontade e escutar o clamor dos irmãos que sofrem.

Vós que devolvestes a vista aos cegos, libertai-nos da cegueira que não nos permite ver que habitais em nós nem dar graças pela vossa beleza inigualável.

Vós que curastes os epiléticos e os mudos, libertai-nos das enfermidades e deficiências que nos impedem de expressarmo-nos e comunicarmos a vossa Palavra com sabedoria, prudência, clareza, afeto e firmeza.

Vós que fizestes os paralíticos andarem, livrai-nos da falta de vigor que nos deixa prostrados e nos impedem de sermos alegres e nos deixa sem saber o que fazer ou para onde nos dirigir a fim de fazer vossa vontade.

Vós que ressuscitastes os mortos, dai vida nova à nossa história e a tudo o que em nós estiver fragilizado, agonizante ou morto.

Vós que libertastes os possuídos pelo espírito do mal, livrai-nos de toda negatividade e cumulai-nos com vosso santo e doce Espírito, a fim de que, para a vossa glória, brilhem em nós os dons e carismas que nos destes.

Ó Deus bem-amado, enviai-nos vossos santos anjos e arcanjos, para que nos guiem ao longo do caminho. Amém!

*Nem sempre está em nosso poder*
*controlar nossos sentimentos.*
*Saberemos que temos amor se,*
*depois de enfrentarmos*
*aborrecimentos e obstáculos,*
*não perdermos a paz,*
*mas rezarmos por aquelas pessoas*
*que nos fizeram sofrer e para as quais*
*desejamos o bem.*

## Oração de cura interior

Vinde, Espírito Santo, vinde!

Espírito de Deus, vinde e cobri-nos com vosso amor, com vosso poder, dando-nos tudo aquilo de que temos necessidade.

Pai celeste, de vós provêm todas as graças que se derramam por toda a terra. Por isso vos pedimos que elas se derramem em nossa vida, para recebermos a transformação espiritual, emocional e psicológica de que necessitamos.

Hoje vos pedimos humildemente, Senhor, que tomeis todo o nosso ser, e que possamos experimentar a presença intercessora da Santíssima Virgem Maria.

Senhor, hoje vos pedimos humildemente que nos ajudeis, mediante a intercessão dos santos, sobretudo daqueles que experimentaram em vida a graça de uma profunda transformação espiritual e psicológica.

Agradecemos, Senhor, por tocardes com delicadeza nossa história, por derramardes vosso infinito amor em nosso coração e curardes as feridas da nossa alma.

Agora, Jesus, pedimo-vos que, pelo vosso Santo Espírito, nos reveles o que hoje necessitamos conhecer, para que possamos restaurar os fragmentos perdidos de nossa história e prosseguir transformando nosso universo emocional e todas as áreas de nossa vida.

Curai e purificai, Senhor, nosso entendimento, memória, imaginação e vontade, para que possais agir neles e através deles. Tomai-nos em vossas mãos benditas, desde o momento em que fomos concebidos no ventre materno, e arrancai de nosso coração toda mácula e negatividade; ponde, em troca, Senhor, todo bem que procede de vós, e cumulai-nos de vosso amor.

*(Agora, Jesus, em vosso nome, peço-vos perdão a...)*

Desfazei, Senhor, qualquer mal-estar produzido por eventuais experiências traumáticas que tenhamos vivido enquanto estávamos no ventre materno. Colocai--nos espiritualmente, Senhor, no ventre puríssimo da Virgem Maria, e que vosso sangue preciosíssimo nos liberte de todo mal sofrido durante a gestação.

Acompanhai, Senhor, o nosso nascimento e curai toda angústia do momento do parto. Aquecei-nos, Senhor, com vosso afago divino e as carícias de Maria. Perdoai nossos pais e avós, caso tenham por algum motivo nos rejeitado, e ajudai-nos a superar as consequências que esse sentimento possa nos ter causado.

Entregamos a vós, Senhor, a nossa infância e adolescência, para que com vossa ternura cureis as feridas provocadas por mágoas e insultos que tenham prejudicado nossa autoestima. Enxugai nossas lágrimas e amparai a criança que trazemos dentro de nós. Curai, Senhor, as feridas que ainda hoje continuam a produzir em nós tristeza, bloqueando o pleno desenvolvimento de nossas capacidades.

Curai-nos do abandono e de tantas outras situações que não nos recordamos mais, mas que continuam causando melancolia e depressão. Tomai os conflitos ainda não resolvidos, que guardamos no íntimo de nosso coração e que nos levam a enxergar os problemas de maneira desproporcional, tornando-os maiores do que são e levando-nos a viver em conflito com as pessoas ao nosso redor.

Hoje, Senhor, perdoamos todos aqueles que durante a nossa infância e adolescência nos fizeram sofrer, nos abandonaram ou nos maltrataram.

*(Hoje eu perdoo de todo coração, em nome de Jesus, a...)*

Agradeço, Senhor, pelo que estais fazendo por nós.

Por vossa obra de cura e transformação, nós vos louvamos, bendizemos e damos graças.

*Graças, Senhor, porque vossos olhos*
*estão fixos em vossos fiéis,*
*nós que esperamos em vossa misericórdia.*
*Graças, Senhor,*
*por livrardes nosso coração da morte*
*e sustentar-nos nos tempos difíceis.*
*Nossa alma espera em vós, Senhor,*
*vós sois nossa ajuda e nosso escudo.*

*Nosso coração se alegra em vós,*
*e confiamos em vosso santo nome.*
*Senhor, que vosso amor desça sobre nós,*
*segundo a esperança que temos em vós.*
*(cf. Sl 33,18-22)*

# NOSSAS DEVOÇÕES
(Origem das novenas)

De onde vem a prática católica das novenas? Entre outras, podemos dar duas respostas: uma histórica, outra alegórica.

Historicamente, na Bíblia, no início do livro dos Atos dos Apóstolos, lê-se que, passados quarenta dias de sua morte na Cruz e de sua ressurreição, Jesus subiu aos céus, prometendo aos discípulos que enviaria o Espírito Santo, que lhes foi comunicado no dia de Pentecostes.

Entre a ascensão de Jesus ao céu e a descida do Espírito Santo, passaram-se nove dias. A comunidade cristã ficou reunida em torno de Maria, de algumas mulheres e dos apóstolos. Foi a primeira novena cristã. Hoje, ainda a repetimos todos os anos, orando, de modo especial, pela unidade dos cristãos. É o padrão de todas as outras novenas.

A novena é uma série de nove dias seguidos em que louvamos a Deus por suas maravilhas, em particular, pelos santos, por cuja intercessão nos são distribuídos tantos dons.

Alegoricamente, a novena é antes de tudo um ato de louvor ao Pai, ao Filho e ao Espírito Santo, Deus três vezes Santo. Três é número perfeito. Três vezes três, nove. A novena é louvor perfeito à Trindade. A prática de nove dias de oração, louvor e súplica confirma de maneira extraordinária nossa fé em Deus que nos salva, por intermédio de Jesus, de Maria e dos santos.

O Concílio Vaticano II afirma: "Assim como a comunhão cristã entre os que caminham na terra nos aproxima mais de Cristo, também o convívio com os santos nos une a Cristo, fonte e cabeça de que provêm todas as graças e a própria vida do povo de Deus" (*Lumen Gentium*, 50).

*Nossas Devoções* procura alimentar o convívio com Jesus, Maria e os santos, para nos tornarmos cada dia mais próximos de Cristo, que nos enriquece com os dons do Espírito e com todas as graças de que necessitamos.

Francisco Catão

## Coleção Nossas Devoções

- *Dulce dos Pobres: novena e biografia* – Marina Mendonça
- *Francisco de Paula Victor: história e novena* – Aparecida Matilde Alves
- *Frei Galvão: novena e história* – Pe. Paulo Saraiva
- *Imaculada Conceição* – Francisco Catão
- *Jesus, Senhor da vida: dezoito orações de cura* – Francisco Catão
- *João Paulo II: novena, história e orações* – Aparecida Matilde Alves
- *João XXIII: biografia e novena* – Marina Mendonça
- *Maria, Mãe de Jesus e Mãe da Humanidade: novena e coroação de Nossa Senhora* – Aparecida Matilde Alves
- *Menino Jesus de Praga: história e novena* – Giovanni Marques Santos
- *Nhá Chica: Bem-aventurada Francisca de Paula de Jesus* – Aparecida Matilde Alves
- *Nossa Senhora Aparecida: história e novena* – Maria Belém
- *Nossa Senhora da Cabeça: história e novena* – Mario Basacchi
- *Nossa Senhora da Luz: novena e história* – Maria Belém
- *Nossa Senhora da Penha: novena e história* – Maria Belém
- *Nossa Senhora da Salete: história e novena* – Aparecida Matilde Alves
- *Nossa Senhora das Graças ou Medalha Milagrosa: novena e origem da devoção* – Mario Basacchi
- *Nossa Senhora de Caravaggio: história e novena* – Leomar A. Brustolin e Volmir Comparin
- *Nossa Senhora de Fátima: novena* – Tarcila Tommasi
- *Nossa Senhora de Guadalupe: novena e história das aparições a São Juan Diego* – Maria Belém
- *Nossa Senhora de Nazaré: novena e história* – Maria Belém
- *Nossa Senhora Desatadora dos Nós: história e novena* – Frei Zeca
- *Nossa Senhora do Bom Parto: novena e reflexões bíblicas* – Mario Basacchi
- *Nossa Senhora do Carmo: novena e história* – Maria Belém
- *Nossa Senhora do Desterro: história e novena* – Celina Helena Weschenfelder
- *Nossa Senhora do Perpétuo Socorro: história e novena* – Mario Basacchi
- *Nossa Senhora Rainha da Paz: história e novena* – Celina Helena Weschenfelder
- *Novena à Divina Misericórdia* – Tarcila Tommasi

- *Novena das Rosas: história e novena de Santa Teresinha do Menino Jesus* – Aparecida Matilde Alves
- *Novena em honra ao Senhor Bom Jesus* – José Ricardo Zonta
- *Ofício da Imaculada Conceição: orações, hinos e reflexões* – Cristóvão Dworak
- *Orações do cristão: preces diárias* – Celina Helena Weschenfelder
- *Os Anjos de Deus: novena* – Francisco Catão
- *Padre Pio: novena e história* – Maria Belém
- *Paulo, homem de Deus: novena de São Paulo Apóstolo* – Francisco Catão
- *Reunidos pela força do Espírito Santo: novena de Pentecostes* – Tarcila Tommasi
- *Rosário dos enfermos* – Aparecida Matilde Alves
- *Rosário por uma transformação espiritual e psicológica* – Gustavo E. Jamut
- *Sagrada Face: história, novena e devocionário* – Giovanni Marques Santos
- *Sagrada Família: novena* – Pe. Paulo Saraiva
- *Sant'Ana: novena e história* – Maria Belém
- *Santa Cecília: novena e história* – Frei Zeca
- *Santa Edwiges: novena e biografia* – J. Alves
- *Santa Filomena: história e novena* – Mario Basacchi
- *Santa Gemma Galgani: história e novena* – José Ricardo Zonta
- *Santa Joana d'Arc: novena e biografia* – Francisco de Castro
- *Santa Luzia: novena e biografia* – J. Alves
- *Santa Maria Goretti: história e novena* – José Ricardo Zonta
- *Santa Paulina: novena e biografia* – J. Alves
- *Santa Rita de Cássia: novena e biografia* – J. Alves
- *Santa Teresa de Calcutá: biografia e novena* – Celina Helena Weschenfelder
- *Santa Teresinha do Menino: novena e biografia* – Jesus Mario Basacchi
- *Santo Afonso de Ligório: novena e biografia* – Mario Basacchi
- *Santo Antônio: novena, trezena e responsório* – Mario Basacchi
- *Santo Expedito: novena e dados biográficos* – Francisco Catão
- *Santo Onofre: história e novena* – Tarcila Tommasi
- *São Benedito: novena e biografia* – J. Alves

- *São Bento: história e novena* – Francisco Catão
- *São Brás: história e novena* – Celina Helena Weschenfelder
- *São Cosme e São Damião: biografia e novena* – Mario Basacchi
- *São Cristóvão: história e novena* – Mário José Neto
- *São Francisco de Assis: novena e biografia* – Mario Basacchi
- *São Francisco Xavier: novena e biografia* – Gabriel Guarnieri
- *São Geraldo Majela: novena e biografia* – J. Alves
- *São Guido Maria Conforti: novena e biografia* – Gabriel Guarnieri
- *São José: história e novena* – Aparecida Matilde Alves
- *São Judas Tadeu: história e novena* – Maria Belém
- *São Marcelino Champagnat: novena e biografia* – Ir. Egídio Luiz Setti
- *São Miguel Arcanjo: novena* – Francisco Catão
- *São Pedro, Apóstolo: novena e biografia* – Maria Belém
- *São Peregrino Laziosi* – Tarcila Tommasi
- *São Roque: novena e biografia* – Roseane Gomes Barbosa
- *São Sebastião: novena e biografia* – Mario Basacchi
- *São Tarcísio: novena e biografia* – Frei Zeca
- *São Vito, mártir: história e novena* – Mario Basacchi
- *Senhora da Piedade: setenário das dores de Maria* – Aparecida Matilde Alves
- *Tiago Alberione: novena e biografia* – Maria Belém